读史说廉

金荣林 策划
朱华明 倪培翔 主编

凤凰出版社

图书在版编目（CIP）数据

读史说廉 / 朱华明，倪培翔主编. -- 南京 : 凤凰出版社，2023.11
ISBN 978-7-5506-3604-0

Ⅰ. ①读… Ⅱ. ①朱… ②倪… Ⅲ. ①廉政建设－中国－通俗读物 Ⅳ. ①D630.9-49

中国版本图书馆CIP数据核字(2021)第254479号

书　　名　读史说廉
策　　划　金荣林
主　　编　朱华明　倪培翔
编　　写　汪允普　王淳航　程　一
责任编辑　陈晓清
装帧设计　陈贵子
责任监制　程明娇
出版发行　凤凰出版社(原江苏古籍出版社)
　　　　　发行部电话025-83223462
出版社地址　江苏省南京市中央路165号,邮编:210009
照　　排　南京凯建文化发展有限公司
印　　刷　南京凯德印刷有限公司
　　　　　江苏省南京市江宁滨江开发区宝象路16号，邮编:210001
开　　本　787毫米×1092毫米　1/32
印　　张　4
字　　数　65千字
版　　次　2023年11月第1版
印　　次　2023年11月第1次印刷
标准书号　ISBN 978-7-5506-3604-0
定　　价　24.00元
(本书凡印装错误可向承印厂调换,电话:025-52603752)

目　次

序

李雪梅
中国政法大学法律古籍整理研究所
所长，教授、博士生导师

中华古籍是取用不竭的智慧宝库，有关廉政、廉洁的故事在典籍中屡见不鲜。

“廉”是古代为官之本。《周礼·天官》言平治官府、评判群吏的标准有六，依次为廉善、廉能、廉敬、廉正、廉法、廉辨，即要求为官者在保持清廉本分的同时，应力求做到政绩优异、才能出众、忠于职守、公正无私、守法不失、明辨不疑。而这些载于典谟的为官之道，后来也成为贤官能吏持守的法则。在二十五史中，“廉”字出现频率较高的为《史记》、《汉书》、两《唐书》、《宋史》、《元史》、《明史》、《清史稿》，其在诸书的“列传”部分占较大比重。可证在古代史书中，“廉”是评判官员贤能的重要指标。

“廉”也是古代君子的操守，以及治国之基础。管子认为礼、义、廉、耻是国之“四维”(《管子·牧民》)。欧阳修认为公正清廉乃“士君子之大节”(《廉耻论》)。而对明清官员来说，最熟悉的莫过于遍布于衙署中的“公生明，廉生威”官箴刻石。

对常人而言，“廉”言易行难，故而也出现了诸如“廉石”“廉泉”之类的比附传说。古代的廉政、廉洁故事之所以感人，多因为这些故事的主人公严于律己，品性坚洁，不为物累，“出淤泥而不染”，在追名逐利的世风中尤显难能可贵。

如何在自律的基础上辅以他律，使“廉”成为一种常态，也是古代政治家不断思考的问题。汉唐流行的举孝廉，宋元强调的以俸禄养廉，并增设廉访使者、肃政廉访使等职官，都体现出对“廉政”的制度性思考和建设。

读史明智,知古鉴今。我们期望流传于世的贤臣循吏故事，少些不食人间烟火的典型，多些可亲可近的榜样。当廉政成为制度化的常态时，廉守明牧的故事可能越来越少，但距人们追求向往的清明治世，应该越来越近了。

是为序。

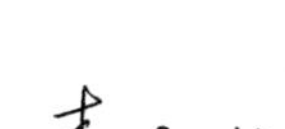

2023年10月

一、静以修身

——漫谈修身与廉文化的互动

廉洁是中华民族的传统美德，廉文化是中华优秀传统文化的重要组成部分。系统梳理传统廉文化，辩证地挖掘其当代价值，需要对传统廉文化进行创造性转化、创新性发展，这既是时代需要，又是内在需要，更是新时代开展廉洁文化建设、夯实传统文化根基的现实需要。

传统文化蕴含着丰富的廉文化因子，《大学》中有经典的阐述："古之欲明明德于天下者，先治其国；欲治其国者，先齐其家；欲齐其家者，先修其身；欲修其身者，先正其心；欲正其心者，先诚其意；欲诚其意者，先致其知，致知在格物。物格而后知至，知至而后意诚，意诚而后心正，心正而后身修，身修而后家齐，家齐而后国治，国治而后天下平。"对传统廉文化进行归纳，廉的精髓体现在修身、齐家、治国、平天下等几个不同层面，从修身文化、家风建设、治理国家以及社会文化等维度梳理，蕴含了从廉政思想的内化认同到个人行为的正己修身，再到家风养成、治国安民，最后达到天下太平这样一个由认知到践行、由个体到组织、范围扩大的实践过程。

廉在个体层面，强调的是个人的操守，《管子·牧民》中“礼义廉耻”中的“廉”就是很好的例子。在修齐治平的过程中，修身无疑是中华优秀传统文化为人处事之根本、社会行为之基础，也是层层递进和次第达到齐家、治国、平天下的逻辑出发点。提到修身，人们往往会想到诸葛亮《诫子书》中那句“静以修身，俭以养德”。其实，“修身”一词，最早见于《墨子·非儒》：“远施周偏，近以修身。”“修身”即努力提高自己的道德修养，是一种发自内心的自觉行为。从传统廉文化视域审视修身，强调的是廉对为人处世的基本要求。

从道德修养角度看，修身作为传统廉文化中的高尚人格准则，在个体道德修养上起着重要的教化作用。古代先哲们视修身为实现个人小我和社会大我的起点，将修身作为传统廉文化的微观层面和底层逻辑，我们耳熟能详的“淡泊以明志，宁静以致远”、“俭，德之共也。侈，恶之大也”、“吾日三省吾身”等先贤诸子的阐述，正是清心养廉、戒奢成廉、慎独促廉的不同侧面。具体说来，“清心养廉”是个人由少私寡欲、清本断流实现内心的恬淡和安宁，体现了“静以修身”

的内心层面；“戒奢成廉”则是戒除过高的物质欲求，体现了“俭以养德”的物质层面；“慎独促廉”则是自我省察的慎独自砺，体现了通过反思，实现修正错误、独善其身的过程。

本书中的修身故事，如孔子认定君子作出贡献才能接受俸禄，公仪休保持廉洁自律而克制自己爱吃鱼的欲望，子罕以不贪为自己的“宝物”，陆绩借有形的石头作为人生航途的自重，还有吴隐之不惧饮用贪泉水而不廉洁等等。常人无法拒绝功名利禄、自身喜好的诱惑，而往圣先贤却更看重“廉”这种修身品质对自己内心修为的重要性。先贤注重清心养廉，讲究廉洁自律，追求人格完善，这也是清白做人、慎独克己的必然追求。

清　孔子无功不受禄

故事

孔子（前551—前479，儒家学派创始人）见齐景公（？—前490，姜姓，名杵臼，春秋时期齐国国君），景公致（给予）廪丘（春秋齐地，在今山东菏泽郓城西北）以为养（供养）。孔子辞不受，出，谓弟子曰："吾闻君子当功以受禄。今说（游说）景公，景公未之行，而赐我廪丘，其不知丘亦甚矣。"遂辞而行。

（选自《说苑·立节》）

讲解

孔子去拜见齐景公，景公将廪丘赐给他作为封地。孔子没有接受赏赐，向景公告辞后，对弟子们解释：“我听说君子按照功劳的大小接受国君赐予的俸禄。现在我游说景公，景公没有听从我的施政意见，却赏赐给我廪丘，他也太不了解我了。”于是和弟子一行离开了齐国。

“殉马奇迹天下无”的齐景公

据考古发掘报告，1964 年至 1972 年，山东省文物考古研究所的专家在对今山东淄博市临淄区齐国故城大城的考古勘探中，清理发掘出一处大型殉马坑，全长 215 米，宽 5 米，殉马排成两列，皆侧卧、昂首。全部殉马超过 600 匹。数量之多，规模之大，实属罕见。

春秋时期以车战为主，一辆兵车需要 4 匹马牵引，600 匹马可武装兵车 150 辆，相当于一个小诸侯国的兵力。可见当时齐国国力之强盛。据专家考证，如此壮观的殉马坑的主人正是齐桓公之后统治齐国时间最长的国君齐景公。

齐景公，公元前 547—前 490 年在位，担任齐国国君 58 年。他即位初年，在晏婴的辅佐下，任用贤臣，励精图治，与晋国、楚国交好，国力有了长足的发展。但后期“好治宫室，聚狗马，奢侈，厚赋重刑”（《史记 · 齐太公世家》），在历史上毁誉参半。

警句

以修身自名，则配尧禹。

——《荀子·修身》

圣人不利己，忧济在元元。

——（唐）陈子昂《感遇》

位卑未敢忘忧国。

——（宋）陆游《病起书怀》

心　公仪休拒收献鱼

故事

公仪休（春秋时鲁国博士，因为才能杰出被任命为鲁国相国）相鲁而嗜（爱好）鱼。一国人（居住在大城市的人）献鱼而不受，其弟谏（劝说，劝谏）曰："嗜鱼不受，何也？"曰："夫欲嗜鱼，故不受也。受鱼而免于相，则不能自给鱼；无受而不免于相，长自给于鱼。"此明于为己者也。故《老子》（指《道德经》，道家的经典文献）曰："后其身而身先，外其身而身存。非以其无私乎，故能成其私。"《诗》（《诗经》，中国第一部诗歌总集，收集了西周初年至春秋中叶的诗歌 305 首）曰："思无邪。"此之谓也。

（选自《韩诗外传》卷三）

图说

讲解

公仪休担任鲁国的相国，他很喜欢吃鱼。有一位平民送他鱼，他没有接受。公仪休的弟弟劝他说：“你那么喜欢吃鱼，为什么不接受别人送来的鱼呢?”公仪休回答说：“正因为我喜欢吃鱼，所以才不接受别人赠送的鱼。因为收受别人送来的鱼而被免去相位，我就没有钱自己买鱼吃；不接受别人的赠送而长期担任相国，我就始终有钱自己买鱼吃。”这是明白依靠别人不如依靠自己的道理。所以《老子》说：“谦虚谨慎不争不抢，反而能在众人之中领先；遇到事情将得失成败置之度外，反而能保全自身。正因为不考虑自身的利益得失，才能有所成就。”《诗经》说：“思想纯正没有邪念。”两段话说的都是这个道理。

链接

周公以谦德教子

鲁国第一任国君是周公旦的长子伯禽。在伯禽即将离开西周都城镐京前往鲁地担任国君之前，周公将他叫到身边，语重心长地告诫他：“孩子，你担任鲁国国君之后，一定不要因为自己国君的身份而自高自大，看不起其他人。我是文王的儿子、武王的弟弟、成王的叔叔，现在又总揽朝政，辅佐成王治理天下，我的身份也可以说是贵重无比了。但我洗一次头，经常握着未洗好的头发出来见贤人；吃一顿饭，也常常吐掉口中的食物去接待客人，就是这样我还常常担心错过天下的人才。我听说品行高尚仍然谦逊有礼的人，就会得到荣耀；封地广袤仍然勤俭节约的人，就会国家安定；官高爵显仍然谦卑不自大的人，就会地位高贵；国家人口众多、兵力强盛仍然小心谨慎的人，就会战无不胜；聪明睿智却虚心接受他人意见，就不会犯错误；见多识广、记忆力强却才不外露，就是大智慧。这六种都是谦虚谨慎的美德，你一定要牢记。”

警句

勿以恶小而为之，勿以善小而不为。

——（晋）陈寿《三国志·蜀书·先主传》裴松之注

为政之要，曰公与清；成家之道，曰俭与勤。

——（宋）陈录《善诱文·省心杂言》

非理之财莫取，非理之事莫为。

——（明）冯梦龙《喻世明言》卷二十六

为　子罕不贪宝玉

故事

宋人或得玉，献诸子罕（春秋时宋国大臣，曾担任司城之职，主持国政），子罕弗受。献玉者曰："以示玉人（雕琢玉器的工匠），玉人以为宝也，故敢献之。"子罕曰："我以不贪为宝，尔以玉为宝。若以与我，皆丧宝也，不若人有其宝。"稽首（古代跪拜礼，跪下并拱手触地，头也触地）而告曰："小人怀璧，不可以越乡（地方基层组织，春秋时期一万两千五百家为一乡），纳此以请死也。"子罕置诸其里（春秋时二十五家为一里），使玉人为之攻（雕琢）之，富而后使复其所。

（选自《左传·襄公十五年》）

讲解

春秋时宋国有人得到一块玉石，送给执政大臣子罕，子罕没有接受。送玉石的人说：“我把玉石拿给雕琢玉器的工匠看，工匠认为是块宝玉，所以才敢献给大人。”子罕回答说：“我将不贪婪的品性视为宝物，你认为玉石是宝物。如果你把玉石送给我，我们两个人都会丧失自己的宝物，不如各自保有自己的宝物。”送玉石的人跪拜着告诉子罕：“我身怀玉石，会被强盗抢劫，没办法离开本乡。请将玉石献给大人，免除死亡的威胁。”子罕将玉石放在自己的居所，找来工匠将玉石雕琢为宝玉，将卖玉的钱交给献玉的人，帮助他安全返回家乡。

链接

严于律己的正考父

据《左传》《史记》等史书记载，春秋时期宋国的诸多名臣中，在严于律己方面，除了子罕，还有一位是孔子的七世祖正考父。正考父是宋闵公长子弗父何的曾孙，他曾辅佐宋戴公、宋武公、宋宣公三位国君，主持宋国国政多年，德高望重。但对自己向来要求很严格，曾在家庙的鼎上铸下铭训："一命而偻，再命而伛，三命而俯。循墙而走，亦莫余敢侮。饘于是，粥于是，以糊余口。"意思是说，每次有新的提拔任命时都越发谨慎，第一次提拔要低着头，第二次提拔要弯曲背脊，第三次提拔要弯着腰。平时走路时紧贴着墙小步快走，对人谦恭有礼，也没有人敢对我加以侮辱。用这口大鼎煮稠粥和稀粥，以此来糊口度日。

警句

政者，正也。子帅以正，孰敢不正？

——《论语·颜渊》

其身正，不令而行；其身不正，虽令不从。

——《论语·子路》

大吏廉洁，小吏则自然效法。

——《清实录·康熙七十九》

治　陆绩廉石压舱

故事

陆龟蒙，字鲁望（唐代著名诗人）。……陆氏在姑苏（今江苏苏州），其门有巨石。远祖〔陆〕绩（188—219，孙吴时官员，博学多识）尝事吴为郁林（今广西玉林一带）太守，罢归无装，舟轻不可越海，取石为重，人称其廉，号“郁林石”，世保其居云。

（选自《新唐书·陆龟蒙传》）

图说

讲解

唐代诗人陆龟蒙，字鲁望。……陆氏家族生活在苏州，大门前树立着一块大石头。陆龟蒙的远祖陆绩曾在割据江东的孙吴政权担任郁林太守，卸任时没有什么财产，乘坐的船重量太轻，怕在海上航行时被风吹翻，就取了一块大石头放在船上压舱，人们称赞他为官清廉，称这块大石头为“郁林石”，陆氏将石头作为传家宝，世世代代存放在大门前。

链接

陆绩怀橘遗母

陆绩生活在东汉末年，陆家在江东地区很有名望。他的父亲陆康小时候孝敬父母、爱护兄弟姐妹，注重提高自我修养。陆绩也继承了家族的良好家风，六岁的时候，他跟随长辈去九江拜访割据江淮一带的大军阀袁术，袁术让仆人拿出橘子来招待他。陆绩吃了一只，感觉味道很可口，就偷偷拿了三只藏在怀中。等到向袁术告别的时候，一不小心橘子从怀中掉落出来。袁术嘲笑他说："陆家的小郎君来我这做客，怎么还当起了小偷，偷偷藏了几只橘子！"陆绩不慌不忙地跪在地上，向袁术解释道："大人您赏赐给我的橘子味道很可口，所以我想带几只回去给母亲尝尝。"袁术听了他的辩解，认为陆绩年纪这么小就知道孝敬母亲，又能临事从容，长大后必将成为国家的有用之材，光大陆氏的门楣。

警句

进不失廉，退不失行。

——《晏子春秋·问上》

仰不愧于天，俯不怍于人。

——《孟子·尽心上》

守真志满，逐物意移。

——（南朝·梁）周兴嗣《千字文》

本　吴隐之不惧贪泉

故事

《晋安帝纪》（记载东晋安帝时史事的编年史）曰："〔吴〕隐之（？—413，东晋名士，累官晋陵太守、左卫将军、广州刺史等）既有至性（天生的优秀品性），加以廉洁，奉禄（官员的薪水）颁九族（泛指亲戚），冬月无被。桓玄（东晋权臣，大司马桓温之子，曾经篡晋自立为皇帝，后被刘裕等击败）欲革岭南之弊，以为广州刺史。去州二十里有贪泉，世传饮之者其心无厌。隐之乃至水上，酌而饮之，因赋诗曰：'石门有贪泉，一歃（用嘴吸取）重千金。试使夷、齐（伯夷、叔齐，商朝末年孤竹国君的两个儿子，互让国君之位）饮，终当不易心。'"

（选自《世说新语·德行》刘孝标注）

贪泉

讲解

《晋安帝纪》记载："吴隐之天生道德高尚，当官后廉洁自律，将俸禄分给亲戚共用，以致穷得冬天没有被子。桓玄想要革除岭南地区官场弊端，任命他为广州刺史。距离州府二十里有一汪泉水名'贪泉'，相传喝过贪泉水的人会贪得无厌。吴隐之来到贪泉，取了一杯泉水喝下，然后作诗一首，大意是：'石门有泉水名叫贪泉，传闻喝一口将贪污千两黄金。如果让伯夷、叔齐这样道德高尚的人来饮用，必定不改初心。'"

链接

吴隐之，字处默，濮阳鄄城（今山东鄄城）人，东晋时期廉吏。吴隐之从小就孤高独立，操守清廉，虽然家中没有积蓄，但决不贪图不义之财。他为官清廉俭朴，做饭的柴火都是妻子自己背回家的。俸禄赏赐都分给了亲戚及族人，穷得冬天连被子都没有。

据《晋书》记载，吴隐之做广州刺史时，吃的不过是稻米、蔬菜和干鱼，穿的是粗布衣衫，住处的帐帷摆设都交到库房。有人说他故作姿态，隐之笑而不语，一如既往。手下送鱼给他吃，每每剔去鱼骨，吴隐之对这样的媚上作风非常厌烦，总是呵斥惩罚后将其赶出帐外。

贪泉遗址现位于广州市白云区石井街道。

警句

临官莫如平，临财莫如廉。

——（汉）刘向《说苑·政理》

人必其自爱也，而后人爱诸；

人必其自敬也，而后人敬诸。

——（汉）扬雄《法言·君子》

受禄之家，食禄而已，不与民争业，

然后利可均布，而民可家足。

——《汉书·董仲舒传》

二、清白遗子孙

——漫谈齐家与廉文化的互动

“家”是以血脉亲情维系的社会单位，是每个人降生后的基本道德认识养成的所在，家庭建设在中华传统文化和现代文明建设中都有着重要的作用。中国拥有五千年不间断的文明，既是文化演进发展的自我驱动，也是个体和家庭、家族世世代代繁衍生息的不断光大。在这其中，家风、家规和家训作为中华传统文化的一部分，在“家”这个场域中对个人、家庭起到一定约束作用。作为一种古代家庭的教育形式，家规、家训始终都在潜移默化中对家庭成员的成长起着重要作用。几千年来涌现出众多优秀的家规家训，比较著名的如《颜氏家训》《朱子家训》《曾国藩家训》等，堪称传统文化的菁华。

《颜氏家训·教子》提到如果对家庭成员“无教而有爱”，导致“骄慢已习”，会“终为败德”，体现出家训、家规对廉政的意义。与“修身”一致，“齐家”也是传统廉文化中针对个体层次的目标追求。古代先贤非常重视家风建设，特别是清廉传家，形成了丰富的廉洁家风文化。“天下之本在国，国之本在家”，清廉的家规、家训对于纯化民风，培育家族内外良好的风气有着积极作用，其蕴含的勤俭朴素、清正廉洁等伦理价值规范是宝贵的廉文化资源。

无论是东汉杨震以清白遗子孙“不亦厚乎”的慨叹，还是刘备在遗诏中“勿以善小而不为，勿以恶小而为之”的告诫，抑或是李商隐《咏史》“历览前贤国与家，成由勤俭破由奢”的总结，这些名言佳句都是在“齐家”的目的下，告诫家庭成员应传承传统廉文化。传统文化中的廉理念，不仅影响着家庭成员对廉洁的基本认同，也是其今后价值追求和行为倾向选择的最深底色。历史长河中不乏崇德尚廉的故事：羊续不让妻子进入房舍、只让儿子进屋，胡威询问父亲一匹绢从何而来，陶母写信告诫儿子不要用公家的东西来孝顺自己，三任苏州知府的况钟不报好友的私恩，“一代廉吏”于成龙赴任途中和幼子花钱买萝卜当菜吃，都是发生在家庭场域内的齐家教育，表现了先贤不因私废公的高尚品质。

家风家教中的廉文化，一方面，要求家庭成员自觉以祖辈先贤的清廉自守为学习榜样，筑牢拒腐防变的心理防线；另一方面，更要求把好家风烙印在言行举止中、植根于日常生活里，从自身做起，把清正廉洁当作做人做事的原则和底线，正确处理公与私、义与利、是与非的关系。

家庭对养育出人格健全的社会个体至关重要，这类正反事例在历史上有很多。如果仅仅为了满足家庭成员的欲望而失于管教，可能会变成“惯子如杀子”。反之，如果在大是大非面前，严格教育、约束家庭成员，就会实现爱而有度、爱而有道、爱而有戒。

直　羊续悬鱼拒贿

故事

中平三年（186）……拜〔羊〕续（142—189，东汉大臣，官至太常卿）为南阳（东汉郡名）太守。……府丞（太守属官）尝献其生鱼，续受而悬于庭（房屋的厅堂）。丞后又进之，续乃出前所悬者以杜其意。续妻后与子秘俱往郡舍，续闭门不内（同“纳”）妻，自将秘行，其资藏唯有布衾（布做的被子）、敝衹裯（贴身的短衣），盐、麦数斛（古代量器，十斗为斛）而已，顾敕（告诫）秘曰：“吾自奉若此，何以资尔母乎？”使与母俱归。

（选自《后汉书·羊续传》）

讲解

汉灵帝中平三年……羊续被任命为南阳太守。……有一次府丞送给他一条活鱼，羊续将鱼悬挂在厅堂的房梁下。府丞后来又给他送鱼，羊续就把上次悬挂在房梁上的那条鱼解下来拿给他看，委婉地拒绝了府丞继续送鱼的意图。羊续的妻子和儿子羊秘到南阳投奔他，羊续不让妻子进太守府门，只带着儿子来到府衙，他的财产只有布做的被子、破旧的贴身衣物、食盐和几十斗小麦。羊续转头告诫儿子说："我自己用的东西只有这么多，哪有多余的财物来养活你们母子呢？"打发儿子与妻子返回家乡生活。

链接

贿赂公行的桓灵之世

诸葛亮在《出师表》中总结两汉政治的得失，指出："亲贤臣，远小人，此先汉所以兴隆也；亲小人，远贤臣，此后汉所以倾颓也。"东汉12位皇帝中，最昏庸的莫过于汉桓帝和汉灵帝。他们重用外戚和宦官，卖官鬻爵；兴起"党锢之祸"，贬斥贤明正直的大臣。民间流传着"举秀才不知书，察孝廉父别居。寒素清白浊如泥，高第良将怯如鸡"的童谣。

光和元年（178），汉灵帝公然在西园卖官，从关内侯到虎贲、羽林，按照官职爵位高低都有不同的价码。又指示亲信将三公九卿等朝廷高官的职位明码标价，其中三公的职位需要花费一千万钱，九卿则减半，只需要五百万钱就可以买到。据说曹操的父亲曹嵩就是花钱买到了"太尉"的官职。

除了卖官鬻爵，汉灵帝还挪用了大量的国家资财。他在西园建造万金堂，里面堆满了从国库中挪来的金银财宝；又用这些钱在自己曾经的封国河间侯国购买大量的土地，兴建起富丽堂皇的豪宅；还曾将数千万的钱财寄放在亲信的宦官那里保管增值。

警句

夫欲影正者端其表，欲下廉者先之身。

故贪鄙在率不在下，教训在政不在民也。

——（汉）桓宽《盐铁论·疾贪》

廉慎传家政，流芳合古今。

——（唐）崔颢《澄水如鉴》

宁公而贫，不私而富。

——（元）张养浩《牧民忠告·受代第九》

道　胡威诘父受绢

故事

〔胡〕威（？—280，西晋大臣，官至前将军、青州刺史）字伯虎。少有志尚（志向；理想），厉操（砥砺节操）清白。质（胡质，胡威的父亲，三国曹魏大臣，官至征东将军、荆州刺史）之为荆州也，威自京都（指洛阳）省（探望）之。家贫，无车马童仆，威自驱驴单行，拜见父。停厩（马房）中十余日，告归。临辞，质赐绢一匹，为道路粮。威跪曰："大人清白，不审于何得此绢？"质曰："是吾俸禄之余，故以为汝粮耳。"威受之，辞归。每至客舍，自放驴，取樵炊爨（cuàn，烧火做饭），食毕，复随旅进道，往还如是。……其父子清慎如此。

（选自《三国志·魏书·胡质传》裴松之注）

讲解

胡威字伯虎，他年少时就志向远大，砥砺节操，品行纯洁。他的父亲胡质担任荆州刺史时，胡威从曹魏的都城洛阳出发，前往荆州看望父亲。胡家家境贫穷，没有车马仆人，胡威一个人骑着驴就去荆州刺史驻地探望父亲了。在刺史府的马房里住了十多天，向胡质禀报准备回家。临行前，胡质交给他一匹绢作为旅费。胡威跪着问道："父亲您为官清廉，这匹绢是哪里来的？"胡质说："这是我工资收入省下来的部分，给你作为路上的盘缠。"胡威接受了父亲的馈赠，告别父亲，踏上归程。每次到了住宿的地方，胡威都亲自喂驴，砍柴生火做饭，吃完了再和同行的人一起赶路，来回都是如此。……胡质、胡威父子俩一直就是这样清廉谨慎。

链接

父子俱清廉

据《晋书》记载，胡威先后担任多个地方的行政长官，勤于政事，将地方治理得井井有条。有一次入朝拜见晋武帝司马炎，谈到家世履历，晋武帝称赞他的父亲胡质一生清廉，询问胡威："你们父子俩比起来，谁更清廉呢？"胡威回答说："我不如父亲。"晋武帝很诧异："为什么这么说呢？"胡威回答说："我父亲清廉，唯恐别人知道；我清廉，唯恐别人不知道。这是我不如父亲的地方。"晋武帝认为胡威的回答坦率而谦逊，对他更有好感。经过多次提拔，胡威调入中央担任尚书、奉车都尉，有感于政令松弛，官员贪腐，他向晋武帝进言，要求整顿朝纲。晋武帝说："尚书郎之下的官员，我一向都是严惩不贷的。"胡威义正词严地回答道："我所说的不是丞郎令史这类小官员，而是我这种级别的高官。只有从高官抓起，严明法令，正风肃纪，才能政治清明、长治久安。"

警句

慎终如始，则无败事。

——《老子》第六十四章

临财毋苟得，临难毋苟免。

——《礼记·曲礼上》

冰雪林中著此身，不同桃李混芳尘。

——（元）王冕《白梅》

是　陶母退鱼教子

故事

陶公（陶侃，259—334，东晋名将，官至侍中、太尉、荆江二州刺史、都督八州诸军事，封长沙郡公）少时，作鱼梁（用于拦水捕鱼的堤坝）吏，尝以坩（盛东西的陶器）鲊（腌鱼）饷（送给……吃）母。母封鲊付使，反书责侃曰："汝为吏，以官物见饷，非唯不益，乃增吾忧也。"《侃别传》曰："母湛氏，贤明有法训。侃在武昌，与佐吏从容饮燕（聚会饮酒），常有饮限。或劝犹可少进，侃凄然（悲伤）良久曰：'昔年少，曾有酒失，二亲见约，故不敢逾限。'"

（选自《世说新语·贤媛》）

讲解

陶侃年轻时担任管理鱼梁的小吏，曾经派人送给母亲一陶罐腌鱼。陶母将腌鱼封好请来人原样带回，并写了一封书信教育陶侃说："你担任小吏，把公家的东西拿给我吃，这不仅不是孝敬我，反而增加了我的担忧。我担心你因为贪污而触犯法律啊。"《陶侃别传》记载："陶侃的母亲湛氏，为人贤惠有见识而懂得礼法。陶侃担任荆州刺史镇守武昌时，偶尔会和下属官员一起聚会饮酒，达到一定量时就停杯不喝了。有人劝他再喝一点，陶侃神情悲伤，过了很久才说：'我年轻时，曾经因为喝酒误事，受到父母的训诫，因此再也不敢过量饮酒了。'"

链接

陶侃勤政

陶侃担任广州刺史期间，没事的时候总是早上把砖从屋内搬到院子里，晚上又搬回屋内。别人很奇怪他为什么这么做，他说："我立志率军收复中原，如果过于安逸，恐怕时机来临时承担不了这项重任，所以要让自己时刻保持劳碌的状态。"

陶侃天生聪明，思维敏捷，为人谨慎，工作勤奋，军政事务纷纭复杂，都能事必躬亲，处理得井井有条。他常对人说："大禹这样的圣贤，都十分珍惜时间。像我们这种普通人，更应该抓紧每分每秒，怎能放纵自我，整天饮酒游乐呢？如果活着对社会没有什么贡献，死后也不会被人记起，这是自暴自弃啊。"

建造船只时，剩下很多木屑和竹子头，陶侃让人一一登记造册，下属官员感觉莫名其妙，不知道这么做有什么意义。等到元旦聚会，恰逢雪后初晴，官署大厅前的院子里还有很多未融化的积雪，陶侃让人把木屑铺在地上，方便大家行走。桓温率军伐蜀时，还用陶侃留下的竹子头作为榫头装配船只。陶侃思考问题、处理政务总是这么周到。

警句

智者不为非其事，廉者不求非其有。

——《韩诗外传》卷一

非义之事，不计于心。非理之利，不入于家。

——（汉）刘向《古列女传·齐田稷母》

当官之法，惟有三事，曰清、曰慎、曰勤。

——（宋）吕本中《官箴》

身　况钟不报私恩

故事

况钟（1383—1443，况钟三次留任苏州知府，苏州百姓称他“况青天”，与包拯、海瑞并称），字伯律，靖安（今江西靖安）人。……初，〔况〕钟为吏（况钟早年曾在尚书属下为小吏）时，吴江（县名，今苏州市吴江区）平思忠（自号退翁，永乐年间担任陕西参政。善行楷，博学多才）亦以吏起家，为吏部司务（掌收发文书），遇钟有恩。至是钟数延见，执礼甚恭，且令二子给侍，曰：“非无仆隶（仆役），欲借是报公耳。”思忠家素贫，未尝缘故谊有所干。人两贤之。

（选自《明史·况钟传》）

图说

讲解

况钟，字伯律，靖安人。……当初况钟为吏员时，吴江人平思忠也由吏员起家，任吏部司务，对况钟有恩。况钟担任苏州知府期间，多次邀请平思忠来家中做客，对他以礼相待，非常恭敬，并且让自己的两个儿子在旁边侍候，他说："我并非没有仆役，只是想借此报答您罢了。"平思忠家一向贫穷，从来没有因和况钟有老交情而对他有所求取。人们称赞他们两人都是贤德之人。

链接

况钟三知苏州府

况钟是明代一位受百姓尊敬的清官，和包拯、海瑞并称中国古代民间三大青天。

况钟原为尚书吕震手下的小吏。明成祖朱棣永乐年间，升迁为礼部郎中。仁宗洪熙元年（1425），被越级提升为仪制司郎中。到宣宗宣德五年（1430）出任苏州知府，因政绩卓著留任达十三年之久，英宗正统七年（1442）卒于任所。在苏州任内，他勤于政事，忠于职守，整饬吏治，除奸革弊，减削田赋，为民办事，清理军籍，缉拿抢劫的官军，深得苏州百姓的爱戴。他死后，很多人为他哭泣，悲痛不已，并立祠纪念他。

歌颂况钟刚正清廉和求实精神的昆剧《十五贯》，至今仍在舞台上演出传唱。

警句

权之所在，利之所归也。

圣人以权行道，小人以权济私。

——（明）吕坤《呻吟语·治道》

居官以正己为先。不独当戒利，亦当远名。

——《明史·刘大夏传》

为政者，廉以洁己，慈以爱民。

——（清）王夫之《读通鉴论》

课　于成龙日啖青菜

故事

国朝（旧时称本朝为“国朝”，这里指清朝）贤臣，必以于清端（于成龙，1617—1684，康熙帝赐谥“清端”）为清廉第一。……自江防（湖广下江防道道员，负责长江的军事防卫工作）迁闽臬（福建按察使），舟将发，趣（催促）人买萝卜至数石。人笑曰：“贱物耳，何多为?”公曰：“我沿途供馔（食物），赖此矣。”其自北直（即直隶，辖今京津冀及山东、河南、内蒙古、辽宁的部分地区）赴江宁（江苏南京）也，与幼子赁驴车一辆，各袖钱数十文，投旅舍，未尝烦驿递公馆（泛指驿站旅舍）也。在制府署（总督衙门），日惟啖青菜，

江南人或呼为“于青菜”。仆从无从得茗，则日采衙后槐叶啖之，树为之秃。诸子冬衣褐（短衣），或木棉袍，未尝制一裘（皮袄）。官楚（指在湖广当官时）时，长公子将归，署中偶有腌鸭，刳半与之。民间有“于公豆腐量太狭，长公临行割半鸭”之谣。公卒之日，僚吏见床头敝笥中，惟绨袍（粗丝袍）一袭，靴带二事，瓦瓮中粗米数斛，盐豉数器而已。

（选自《郎潜纪闻二笔》卷三）

讲解

清代贤臣中，论清廉，于成龙当属第一。……于成龙由湖广下江防道道员调任福建按察使，乘船前往福建，快要开船时，他让仆人买了好几担萝卜。送行的人笑道：“你买这么多不值钱的萝卜干什么？”于成龙答道：“我沿途吃的，就全靠这些了。”于成龙从直隶到江宁赴任，与幼子同行，父子俩租了一辆驴车，每人带数十文钱，途中自己掏钱住旅店，而不住公家的驿馆。他在江南担任总督的时候，每天只吃青菜，江南人因此称他为“于青菜”。于成龙的仆人因家中没有茶叶，便每天采摘衙门后院的槐树叶泡水喝，以至把槐树叶都摘光了。于成龙的儿子们，冬天只穿短衣或木棉袍，没穿过一件皮袄。在湖北做官时，于成龙的大儿子要回老家，厨房恰好有一只腌鸭，他切了一半，让儿子带走。因此民间有“于公豆腐量太狭，长公临行割半鸭”的说法。于成龙去世时，僚属们去吊唁，发现他床头的旧竹箱里，只有粗丝袍一件、靴子一双、腰带一根，此外，就只剩瓦缸中的几斗粗米和几罐盐豉了。

链接

一代廉吏于成龙

于成龙，字北溟，号于山，山西永宁州（今山西方山）人。清初大臣、著名廉吏。

康熙二十年（1681）于成龙入京觐见皇帝，升任两江总督。康熙二十三年（1684），康熙帝命于成龙兼管江苏、安徽两地巡抚的政事，不久便在任上去世。被康熙帝追赠为太子太保，赐谥“清端”。

于成龙在二十余年的宦海生涯中，三次被举“卓异”，以卓著的政绩和廉洁勤苦的一生，深得百姓爱戴，被康熙帝赞誉为“清官第一”。

于成龙擅长书法，诗词亦工。他的著述、奏稿等先后由其门人和孙子于准辑成《于山奏牍》和《于清端公政书》行世。此外，于成龙任职直隶和两江期间，曾组织编写《畿辅通志》和《江南通志》，对整理和保存当地政治、经济、文化资料做出了贡献。

警句

真廉无廉名，立名者所以为贪；

大巧无巧术，用术者所以为拙。

——（明）陈继儒《小窗幽记·醒》

能克己乃能成己，能胜物乃能成物。

——（明）杨慎《丹铅总录·关尹子妙语》

身后有余忘缩手，眼前无路想回头。

——（清）曹雪芹《红楼梦》第二回

三、直哉惟清

——漫谈古代施政实践中的廉文化

廉政文化是中华吏治文化的重要组成部分。自《史记·循吏列传》开其端，正史、杂史、野史、笔记关于循吏、廉吏的记载代不绝书，孙叔敖、公仪休、子罕、杨震、刘宠、陆绩、包拯、于谦、于成龙等的事迹千古流芳。

在中国古代的施政实践中，清廉观念的养成由来已久。

上古时代，五帝之一的虞舜就曾告诫伯益：“夙夜惟寅，直哉惟清。”（《尚书·虞书·舜典》）意思是无论早晚都要心怀敬畏、勤于职事、正直清明。商朝中兴之主盘庚也曾要求臣下“无总于货宝”“式敷民德”（《尚书·商书·盘庚下》），就是不要聚敛财富，而要施惠于民。

“三礼”之首的《周礼》在《天官·冢宰》中明确提出“六廉”：“（小宰）以听官府之六计，弊群吏之治。一曰廉善，二曰廉能，三曰廉敬，四曰廉正，五曰廉法，六曰廉辨。”郑玄注曰：“既断以六事，又以廉为本。”在官吏考课中，既注重“善、能、敬、正、法、辨”六项标准，又均以“廉”字为首，体现了中国古代治政实践中以廉为本、以德为先的特点，为历代官员为政之道确立了价值标准与行为准则。无论是春秋时期楚国名相孙叔敖“廉洁不受钱”“当时有清名”（汉《楚相孙叔敖碑》）、儒家创始人孔子教诲弟子“不义而富且贵，于我如浮云”（《论语·述而》）、东汉大儒杨震立志以“清白”遗子孙的个体践行，还是睡虎地秦简《为吏之道》良吏“五善”的考课标准（忠信敬上，清廉毋谤，举事审当，喜为善行，恭敬多让）、汉魏时期“举孝廉”的察举制度、宋元明清时期盛行的官箴文化（宋吕本中《官箴》开宗明义提出：“当官之法，惟有三事，曰清、曰慎、曰勤。”），都是这种道德观念和施政理念的生动实践。

在历史的长河中，纵然也有“举秀才不知书，察孝廉父别居。寒素清白浊如泥，高第良将怯如鸡”（《抱朴子外篇·审举》）和“三年清知府，十万雪花银”（《儒林外史》第八回）等沽名钓誉、弄权贪腐的伪君子、真贪官，但更多的、主流的则一直都是清廉耿直之士的正道直行。

以初唐贞观时期的大臣群体为例。魏征官拜侍中，执掌三省之一的门下省。去世后，唐太宗本来“给羽葆、鼓吹，班剑四十人”，其妻子裴夫人则委婉谢绝：“征素俭约，今假一品礼仪物褒，大非征志。”(《新唐书·魏征传》）最终仅用白布、帷幕装饰盛载灵柩的素车，不用花纹、色彩和刍灵，以清廉终其身。岑文本官中书令，“宅卑湿，无帷帐之饰”。温彦博担任尚书右仆射，“家贫无正寝。及薨，殡于旁室”(《贞观政要》卷六)。武阳懿公李大亮卒于长安，“家余米五斛、布三十匹”(《资治通鉴》卷一百九十七)。礼部尚书王珪“性宽裕，自奉养甚薄。于令，三品已上皆立家庙。珪通贵已久，独祭于寝”(《通鉴总类》卷十上)。

这样的例子还有很多很多。可以说，初唐的名臣们亲眼目睹了隋炀帝穷奢极欲以至丧身亡国的反面事例，对于“守国之度，在饰四维”(一曰礼，二曰义，三曰廉，四曰耻)，“四维不张，国乃灭亡”的古训有着更加深刻的体悟(《管子·牧民》)，对于贪欲奢侈对国家和自身个体的危害有着更加清醒的认识，时刻自省、自警、自砺,共同培育出持俭去奢、清廉自守的政风，成就了辉煌灿烂的贞观之治，在世界文明史上书写下浓墨重彩的一笔。

史　杨震暮夜却金

故事

杨震（？—124，东汉名臣，官至司徒），字伯起，弘农人。性公廉（公正廉洁），不受私谒（因私事拜见请托），子孙常蔬食步行。故旧长者或欲令为开产业，震不肯，曰：“使后世称为清白吏子孙，以此遗之，不亦厚乎？”为东莱（汉代郡名，在今山东烟台、威海一带）太守，道经昌邑，邑令王密，故所举茂才（即秀才，避汉光武帝讳，改“秀”为“茂”，汉代举荐人才、选拔官吏的一种方式），夜怀金十斤以遗震。震曰：“故人知君，君不知故人，何也？”密曰：“夜无知者。”震曰：“天知，神知，何谓无知？”

（选自《东观汉记·杨震传》）

讲解

杨震字伯起，弘农人，禀性公正廉洁，不因私事接受他人的拜见请托，子女孙辈平日多吃素食，步行来往。亲朋长辈有时劝他置办财产，杨震不肯，他说："使后世称呼他们为清官的子孙，把这个留给他们，不也是一种财富吗？"他被任命为东莱太守，上任时经过昌邑县，县令王密是杨震曾经举荐的秀才，王密夜里带着十斤金子送给杨震。杨震拒绝接受，他说："我曾经知道你的品性才能，你怎么不了解我的品性呢？"王密说："夜间没有外人知道此事。"杨震说："天知道，鬼神知道，怎么能说没人知道呢？"

弘农杨氏——忠于国事的“东京名族”

东汉时期，弘农杨氏自杨震的父亲杨宝开始，家族世代传承欧阳《尚书》学，后代子孙多以名节自励，清廉自守，忠君爱国，被当时人尊为“东京名族”。又因为杨震及其子杨秉、孙杨赐、重孙杨彪都曾经担任过太尉，又被称为“四世太尉”。

杨震少年时期就好学不倦，师从太常桓郁学习欧阳《尚书》，博览群经，学问高深，被誉为“关西孔子”。他一心向学，多次婉拒州郡长官推荐他出仕做官的好意，直到五十岁才接受朝廷的征召出来做官。汉安帝延光二年（123），杨震被任命为太尉。汉安帝的舅舅耿宝和皇后的哥哥阎显都曾向杨震推荐自己的亲信，希望杨震提拔重用他们，均被杨震严词拒绝。汉安帝的乳母王圣以及宫中宦官的首领樊丰、周广等人仰仗皇帝的宠幸，互相勾结，卖官鬻爵，兴修府邸，朝中一片乌烟瘴气。杨震忧心忡忡，多次上书劝谏，希望皇帝亲近贤臣、远离奸佞。可惜汉安帝一意孤行，反而免去杨震的官职，勒令他回乡反省。

警句

莫见乎隐，莫显乎微，故君子慎其独也。

——《礼记·中庸》

君子无终食之间违仁，造次必于是，颠沛必于是。

——《论语·里仁》

行谨，则能坚其志；言谨，则能崇其德。

——（宋）胡宏《知言·文王》

册　诸葛亮不治产业

故事

诸葛亮（181—234，中国古代杰出的政治家、军事家，辅佐刘备建立蜀汉政权，担任丞相），字孔明，琅邪阳都人也。……初，亮自表（给皇帝上奏章）后主（刘禅，刘备之子，蜀汉第二任皇帝）曰："成都有桑八百株，薄田（贫瘠的田地）十五顷，子弟衣食，自有余饶。至于臣在外任，无别调度，随身衣食，悉仰于官，不别治生（经营产业），以长尺寸。若臣死之日，不使内有余帛，外有赢财，以负陛下。"及卒，如其所言。

（选自《三国志·蜀书·诸葛亮传》）

图说

讲解

诸葛亮，字孔明，是琅邪郡阳都人。……之前，诸葛亮给后主刘禅的奏折中说："我在成都有桑树八百棵，贫瘠的田地十五顷，不仅能够满足家里人衣食生活的需求，而且还有富余。至于我在外担任官职，没有其他开销，衣服食物都依靠公家提供。不另外经营产业，使自家家产得到一丝一毫的增加。等到我过世的那一天，家里家外不会有多余的布帛财产，以辜负陛下的信任。"等诸葛亮去世时，其家中财产状况确实和奏折中所说的一模一样。

链接

诸葛亮教子

作为中国古代杰出的政治家、军事家，诸葛亮对于自身的才华从来都是很自信的，纵然是躬耕于南阳，与田夫野老为伴，也总是自比历史上的名臣管仲、名将乐毅，不坠青云之志。但这一切在他四十六岁那年都发生了变化，因为儿子诸葛瞻出生了。以后的日子里，从来智珠在握的诸葛丞相也只是一位担心儿子无法成才的老父亲。诸葛瞻八岁了，诸葛亮焦虑地给远在东吴的大哥诸葛瑾写信，说儿子聪慧可爱，只是怕他过早成熟，将来成不了大器。所以在忙于军政大事之余，仍不忘再三叮嘱儿子：“夫君子之行，静以修身，俭以养德，非澹泊无以明志，非宁静无以致远。夫学须静也，才须学也，非学无以广才，非志无以成学。淫慢则不能励精，险躁则不能治性。年与时驰，意与日去，遂成枯落，多不接世，悲守穷庐，将复何及！”告诫诸葛瞻要志存高远，简朴节约，不为外物所扰，专心于学，如此才能成为栋梁之材。

警句

治官事则不营私家，在公门则不言货利。

——（汉）刘向《说苑·至公》

历览前贤国与家，成由勤俭破由奢。

——（唐）李商隐《咏史》

忧劳可以兴国，逸豫可以亡身。

——（宋）欧阳修《新五代史·伶官传序》

有　袁聿修不受升酒

故事

袁聿修（511—582，北朝时人，官至吏部尚书），字叔德，陈郡阳夏（今河南太康）人。……在官廉谨（廉洁谨慎），当时少匹（很少有人与其匹敌）。魏、齐（魏，指东魏；齐，指北齐）世，台郎（尚书郎）多不免交通饷遗，聿修在尚书十年，未曾受升酒之馈。尚书邢邵与聿修旧款（旧交，老朋友），每于省（尚书省，中央执行政务的总机构）中语戏，常呼聿修为清郎。大宁（也作“太宁”“泰宁”，561—562，北齐武成帝高湛年号）初，聿修以太常少卿（太常寺的次官，太常寺掌管宗庙陵寝祭

祀等）出使巡省，仍命考校官人得失。经历兖州（治所在今山东郓城西），时邢邵为兖州刺史，别后，遣送白绸为信。聿修退绸不受，与邢书云：“今日仰过，有异常行。瓜田李下，古人所慎。多言可畏，譬之防川。愿得此心，不贻厚责。”邢亦忻然（喜悦愉快的样子）领解。

（选自《北齐书·袁聿修传》）

讲解

袁聿修，字叔德，陈郡阳夏人。……他为官廉洁谨慎，当时少有。东魏、北齐时期，尚书省的官员多不免于收送礼物，袁聿修在尚书省十年，没有接受过别人一升酒的馈赠。尚书邢邵与袁聿修有旧交，每次开玩笑时，常称袁聿修为清郎。大宁初年，袁聿修以太常少卿的身份出使巡察诸州，并受命考核官员的得失。他经过兖州时，邢邵正担任兖州刺史，两人分别后，邢邵派人送去白绸作为礼物。袁聿修将白绸退还，并写信说："今日经过您的辖区，与平日出行不同，瓜田李下，必须避嫌，古人对此是十分慎重的。人言可畏，应像防御水患一样防备，愿您体会这种心情，不要责怪我不通人情。"邢邵也欣然接受。

链接

瓜田李下

瓜田李下，出自古乐府《君子行》。开头四句流传久远："君子防未然，不处嫌疑间。瓜田不纳履，李下不整冠。"

《旧唐书·柳公权传》中的故事值得分享。

唐文宗时，大书法家柳公权忠良耿直，能言善谏，担任工部侍郎。当时有个叫郭旼的官员把两个女儿送进宫中，于是皇帝就派郭旼到邠宁（治所在今陕西彬州）担任节度使，人们对此议论纷纷。

皇帝就以这件事来问柳公权："郭旼是汾阳王郭子仪的侄子、太皇太后的叔父，官封大将军，当官以来没有什么过失，现今只让他当邠宁这个小地方的节度使，又有什么不妥呢？"

柳公权说："按照郭旼的贡献和功绩来说，派他到邠宁去当节度使，原本是合理合情、没什么好争议的，可是议论的人都以为郭旼是因为进献两个女儿入宫，才得到这个官职的。"

唐文宗说："郭旼的两个女儿是进宫陪太后的，并不是献给朕的。"

柳公权回答道："瓜田李下的嫌疑，人们哪能都分辨得清呢？"

在官惟明，莅事惟平，立身惟清。

——（汉）马融《忠经·守宰章》

一失脚为千古恨，再回头是百年人。

——（明）陈继儒《小窗幽记·峭》

劝君莫作亏心事，古往今来放过谁。

——（明）冯梦龙《喻世明言》卷二十六

遗　裴侠不取丁庸

故事

裴侠（？—559，北魏、北周时官员），字嵩和，河东解（今山西临猗）人也。……除（担任）河北郡守。侠躬履（亲自履行）俭素，爱民如子，所食唯菽（豆类的总称）麦盐菜而已。吏民莫不怀之。此郡旧制，有渔猎夫三十人以供郡守。侠曰："以口腹（饮食）役人，吾所不为也。"乃悉罢之。又有丁三十人，供郡守役使。侠亦不以入私，并收庸（为官府服劳役）直，为官市马。岁月既积，马遂成群。去职之日，一无所取。民歌之曰："肥鲜不食，丁庸不取。裴公贞惠，为世规矩。"侠尝与诸牧守（州郡的长官，州官称牧，郡官称守）俱谒太祖（即北周

太祖宇文泰，时为西魏权臣）。太祖命侠别立，谓诸牧守曰：“裴侠清慎奉公，为天下之最。今众中有如侠者，可与之俱立。”众皆默然，无敢应者。太祖乃厚赐侠。朝野叹服，号为“独立君”。

（选自《周书·裴侠传》）

讲解

裴侠，字嵩和，河东解人。……担任河北郡守。裴侠生活俭朴，爱民如子，吃的无非是豆麦盐菜。官吏百姓都发自内心地服从他。河北郡旧制，有渔夫、猎人共三十名为郡守服务。裴侠说：“以口腹之欲来役使别人，我是不做的。”于是全部撤去。另有丁夫三十人，供郡守驱使。裴侠也不让他们为自己干活，让他们交钱代替服役，拿这些钱为官府买马。日积月累，马匹逐渐成群。离任之时，裴侠什么也不要。百姓歌颂他道：“肥腴鲜美的食物不吃，白用的劳役和税钱不用。裴公的清廉仁惠，确实为世上做官的人树立了榜样。”裴侠曾与众多州郡长官一起拜见太祖。太祖让裴侠单独站在一边，对牧守们说：“裴侠清廉谨慎，一心为公，为天下第一，今天众人中如有同裴侠一样的，可以同他站在一起。”众人都沉默不语，没有人敢接话。太祖于是厚赏裴侠。朝廷内外都表示叹服，称他为“独立君”。

链接

裴侠出身于河东裴氏家族。

自汉魏至隋唐五代，在漫长的历史进程中，河东裴氏家族在政治、经济、军事、外交等诸方面，均做出了突出的贡献。

其中著名的政治家有裴寂、裴度等，军事家有裴行俭等，史学家有裴松之、裴骃父子，外交家有裴矩等。

此外，西晋裴秀总结我国古代地图绘制的经验，创造性地制定出“制图六体”的原则，为编制地图奠定了科学的基础，为地图学的发展做出了划时代的贡献，被誉为“中国制图学之父”。

警句

欲思其利，必虑其害；欲思其成，必虑其败。

——（三国·蜀汉）诸葛亮《便宜十六策·思虑》

放情者危，节欲者安。

——（三国·魏）桓范《世要论·节欲》

大臣之廉耻，即天下之风尚。

——（明）史可法《辞加衔疏》

训　刘温叟厚酬拒礼

故事

〔刘〕温叟（909—971，字永龄，五代至北宋初年官员）累居显要，清贫尤甚，未尝受人馈。知贡举（唐宋时派大臣主持进士考试）时，有经学门生居畿内（指京城管辖的地区）者，献粟草（牲畜饲料）一车。温叟却之。其人曰："此物出于躬耕（亲身从事农业生产），愿以致勤。"温叟不得已而受之，即命家人置衣一袭，以为答。计其直（价值），即倍于粟草矣。自是，无敢献遗者。

（选自《国老谈苑》卷一）

讲解

刘温叟多次担任重要职务，却一向很清贫，从来不接受人家的馈赠。担任主持进士考试的大臣时，有一个跟他学习经学的学生住在京城附近，为他献上一车粟草。刘温叟推辞不要。那个学生说：“这是我自己种出来的，我愿意将我的辛勤所得送给您。”刘温叟不得已收下了，然后就让家人送给学生一身衣服作为回报。估算其价值，远远大于学生所送的粟草。从此以后，再也没人敢给他送礼。

链接

中国古代选拔官员的方式，大体上经历了春秋战国时期的世卿世禄制、汉代的察举制、魏晋南北朝时期的九品中正制和隋唐以后的科举制等四个阶段。

科举制是在隋代重新统一南北、将地方用人权收归中央的背景下展开的。现在普遍认为，科举制是隋炀帝大业二年（606）下诏设立的，这项制度确立了传统国家设科招考、完全以考试成绩决定取舍的选官制度。科举制度的形成是一个长期的历史过程，它汲取了自先秦以来各种选官制度的积极因素，又在南北朝时期一系列探索的基础上形成。

科举制自隋代创立，到唐朝趋于完善。自宋以后，进士一律要经过由皇帝主持的“殿试”覆核和决定名次。少数民族建立的辽、金政权，也用科举制度来选举贤士。到元、明、清时，贡士经殿试后，及第者皆赐出身，称进士。且分为三甲：一甲三人，赐进士及第；二、三甲，分赐进士出身、同进士出身。

警句

廉者常乐无求，贪者常忧不足。

——（隋）王通《中说·王道篇》

乐不可极，极乐生哀；欲不可纵，纵欲成灾。

——（唐）吴兢《贞观政要·论刑法》

君子安贫，达人知命。

——（唐）王勃《滕王阁诗序》

四、少年揽辔澄清意

——漫谈传统廉文化的世界意义

作为一种绵延五千年而没有中断的文明形态，中华文明具有连续性、创新性、统一性、包容性、和平性等五个突出特性。正是这样的特性，为中华民族生生不息、发展壮大提供了丰厚滋养。放在当今世界，也回应了人类共同面临的诸多难题，为人类探索美好未来提供了正确的精神指引。

在廉洁语境下，修身是齐家之始、治国之源、平天下之基。廉洁对建立一个和谐、稳定、繁荣的社会、实现国家的长治久安有保障作用，循此逻辑，对于建设中国式现代化、构建人类命运共同体来说，廉洁也具有特别的意义。

再看廉洁与“天下”的互动关联，我们不妨以破题解词的方式来看看“平天下”和廉洁之间的关联。

“天下”一词，是中华民族对世界的一种称谓和专有概念，或是起源于“普天之下”的说法，反映的是王朝统治下，在一定普遍的秩序原则所支配的空间存在。中华传统文化中的天下观，特别强调由个体到国家、天下层面的意义。最典型的例子之一，则是范仲淹在《岳阳楼记》中“先天下之忧而忧，后天下之乐而乐”的描述，它并不以是否居于庙堂为限，这正与“大道之行也，天下为公”的大同精神如出一辙，是一种人类普遍追求的美德。而廉洁也与其他人类众多美德一样，是全人类对真善美价值观的朴素追求，不但是家国情怀下，更是人类命运共同体语境中，传递正能量的人类普遍诉求。

我们再看中国文化中对廉的界定，从廉的基本释义来看廉在中华传统文化语境下的发生发展。我们不妨以古今基本工具书为探讨对象，揭示“廉”的基本释义。

现存最早的字典《说文解字》说：“廉，仄也。从广，兼声。力兼切。”所谓仄，其本义为厅堂的侧边。也就是说，廉字是形声字，形旁“广”指代建筑，声旁“兼”表示合并。“廉”与“洁”经常连用，“廉洁”最早出现在屈原的《楚辞》中：“朕幼清以廉洁兮，身服义尔未沬。”东汉学者王逸在《楚辞章句》中注释说：“不受曰廉，不污曰洁。”意思是说，不接受他人馈赠的钱财礼物，不让自己清白的人品受到玷污，就是廉洁。《辞源》释为“公正，不贪污”，《辞海》释为“清廉，清白”，《新华字典》释为“品行正，不贪污”，

《现代汉语词典》释为“廉洁”，也就是不损公肥私，不贪污。

我们不难发现，廉的基本属性就是不贪污，除此之外，还衍生出“公正”“品行正”的特点，而这也正是人类文明对社会公平正义的基本诉求。

如本书中杜暹在前往西域巡察过程中将“蕃人”赠送的黄金埋入地下而不受，刘宠仅取一钱作为自己为官一任、造福一方的酬劳，杨继宗更是一文不取，尤其是包拯、于谦，他们是中国历史上流芳千古的名臣廉吏，他们的美德已经超越了对自身、家族乃至国家的意义，而具有某种朴素的世界意义。这不由得让我们想起，南宋抗金名将岳飞那番慷慨陈词：“或问天下何时太平，飞曰：‘文臣不爱钱，武臣不惜死，天下太平矣。’”

卅　刘宠只取一钱

故事

后汉刘宠（？—197，东汉大臣，东莱牟平人，累官郡守、将作大匠、司空、司徒、太尉）为会稽太守，多善政（良好的政治措施）。将去（卸任），父老赍（赠送）钱送之，曰："明府（即明府君，汉代对太守的尊称）下车（官员到任）以来，狗不夜吠，民不识吏。今当迁去，聊为赆（临别时赠送的财物）送。"宠为选一大钱受之，今号其地曰"钱清"。

（选自〔明〕张岱《夜航船·选举部》）

讲解

东汉时刘宠担任会稽太守，施行的政治措施多切合当地的风土人情。将要卸任时，会稽郡里有名望的老年人纷纷赠送钱财为他送行，说："您到任后，夜里狗不乱叫，吏不扰民。现在您到别的地方任职，请让我们用这些钱物表达临别的谢意。"刘宠选了一枚钱币接受下来。当年地方父老送别刘宠的地点现在被称作"钱清"，以纪念刘宠的清廉。

链接

良吏典范刘宠

《后汉书》本传记载，刘宠字祖荣，是汉高祖刘邦的庶长子齐悼惠王刘肥的后代。刘宠的父亲刘丕学问渊博、满腹经纶，被尊为“通儒”。刘宠很小的时候就跟随父亲研习儒家经典，学习各种知识。长大后，因为通晓经学知识被举荐为孝廉，担任东平陵（今山东济南章丘）的县令。他在东平陵推行仁政，轻徭薄赋，注重维护百姓的利益，深得当地官员和民众的爱戴。因为母亲患病，刘宠辞去官职。东平陵的老百姓得知消息，扶老携幼前来为他送行，由于人太多，道路都被堵住了，刘宠不得不改换衣服，偷偷地从另外一条小路离开。

后来，刘宠又先后被朝廷任命为豫章太守和会稽太守。会稽山里的老百姓生性淳朴，好多人一直到白发苍苍都没有到过城镇集市。因不了解官府的各项政令，不善与外界交往，他们常常受到官吏的欺诈。刘宠担任太守后，简化规章制度，禁止官吏扰民，百姓得以安居乐业。

警句

义士不欺心，廉士不妄取。

——（汉）刘向《说苑·谈丛》

一钱亦分明，谁能肆谗毁。

——（宋）陆游《送子龙赴吉州掾》

粗粝能甘，必是有为之士；

纷华不染，方称杰出之人。

——（清）王永彬《围炉夜话》

贻 杜暹辞纸埋金

故事

杜暹（？—740，唐朝大臣，官至宰相），濮州濮阳（今河南濮阳）人也。……初举明经（隋炀帝置明经、进士二科，以经义取者为明经），补婺州（今浙江金华）参军。秩满（官吏任期届满）将归，州吏以纸万余张以赠之，暹惟受一百，余悉还之。时州僚别者，见而叹曰："昔清吏受一大钱，复何异也！"……迁监察御史（御史台属官，职掌分察百官）……承诏复往碛西（唐朝对西域的称呼）……蕃人（古代对外族或异国人的泛称）赍金以遗，暹固辞不受。左右曰："公远使绝域（极其遥远

图说

的地方），不可失蕃人情。”暹不得已受之，埋幕下。既去出境，乃移牒令收取之。蕃人大惊，度碛追之，不及而止。

（选自《旧唐书·杜暹传》）

讲解

杜暹，濮州濮阳人。……起初考中明经科，被任命为婺州参军，任期满将离职，州吏赠送他万余张纸，杜暹只接受了一百张，其余全还给了他们。当时他的同僚来告别的，见了感叹道：“这与过去清廉的官吏接受一个大钱，有什么不同！”……升任监察御史……遵照皇帝命令再次前往西域……蕃人送给他黄金，杜暹坚决不受，下属劝他：“您出使这么边远的地方，不能让蕃人失望。”杜暹不得已，只好接受，然后将黄金埋在帐篷下的地里。出境以后，才通过公文通知蕃人去收取。蕃人大惊，穿过沙漠追赶，追赶不上才罢休。

链接

本文中的“碛西”，是指碛西节度使，系唐玄宗开元年间设立的管辖碛西地区的最高行政长官，下辖安西、北庭两大都护府，反映了唐朝前期对西域的统治。

唐朝前期对西域的统治，主要包括以下几个方面：

一、设立安西都护府。安西都护府和安西大都护府是唐朝管理碛西的一个军政机构在不同时期的名称，其最大管辖范围包括天山南北，并至葱岭以西。在北庭都护府分立之后，安西都护府分管天山以南的西域地区。

二、合理安置西域原统治者。唐政府保留了原西域各部及中亚各国原统治者的政治地位，任命原酋长或国王担任都督、州刺史等实职，授与他们各种爵位称号。同时，这些部落及诸国必须定期到中原朝贡和遣子入侍，他们的首领继位或者发生更迭，要经唐政府册封和承认。其中部分部落首领，有固定俸禄。

三、加强军事配置。为巩固加强西域地区的统治，唐王朝建立了一整套军事机构，在安西、北庭辖境内各重要地区和交通要道，设有军、镇等一批分布于天山南北各地的军事单位，负责守卫边疆及稽查行旅。各族人民往来交通，必须持有府、州颁发的通行证。这些举措，有力地保证了唐前期对西域的统治。

警句

经国立功之道有二：一曰息欲，二曰明制。

欲息制明，而天下定矣。

——（晋）傅玄《傅子·校工篇》

不戚戚于贫贱，不汲汲于富贵。

——（晋）陶渊明《五柳先生传》

过载者沉其舟，欲胜者杀其生。

——（晋）葛洪《抱朴子·安贫》

来　包拯不持一砚归

故事

包拯（999—1062，北宋名臣。因其清正廉明，在民间有“青天”的美名。死后谥“孝肃”），字希仁，庐州合肥人也。……徙知端州（今广东肇庆），迁殿中丞。端土产砚，前守缘贡（借进贡），率取数十倍以遗权贵。拯命制者才足贡数，岁满不持一砚归。……召权知开封府，迁右司郎中。拯立朝刚毅，贵戚宦官为之敛手（不敢恣意妄为），闻者皆惮（害怕）之。人以包拯笑比黄河清（比喻难得、罕见的事），童稚妇女亦知其名，呼曰“包待制”（包拯曾当过龙图阁待制）。京师为之语曰：“关节不到，有阎罗包老。”（比喻包拯

图说

执法严明，不徇私情）……与人不苟合（即按照道义行事），不伪辞色悦人，平居无私书，故人、亲党皆绝之。虽贵，衣服、器用、饮食如布衣（老百姓）时。

（选自《宋史·包拯传》）

讲解

包拯，字希仁，庐州合肥县人。……调任端州知州，升迁为殿中丞。端州出产上好的砚台，以前的州官借进贡之名，大都从这里索取几十倍的进贡量去赠送权贵。包拯命令做砚台的人只制作足够进贡的数量。他在那里任期届满，没有拿一方砚台回来。……被召回代理开封知府，升任右司郎中。包拯为人刚强坚定，那些贵戚、宦官因而有所收敛，一听见他的名字都十分害怕。人们把包拯的笑脸比作黄河变清那样难得见到，儿童妇女也知道他的名字，称他为“包待制”。京城的人流传一句话：“关节不到，有阎罗包老。”……他不轻易与人相交，不会用伪装的甜言笑脸来讨别人喜欢，平时没有私人请托的书信，旧友、亲戚同乡都断绝往来。地位虽然显贵，可是衣服、器用、饮食还是同未做官时一样。

链接

包拯廉洁公正，为人刚毅，不阿附权贵，敢于替百姓申不平，故有“包青天”及“包公”的声名。包拯之所以能成为家喻户晓的公众人物，形成一种社会现象，还得力于民间流行的小说话本和戏曲故事对人物形象的塑造。

民间关于包公断案的故事广为流传，在通俗文学中可谓独树一帜。现存的两种宋人话本《合同文字记》《三现身包龙图断案》，仅在结尾处出现了包拯的名字，成为包拯艺术形象的滥觞。至元代，包公文学得到蓬勃发展，现存元代的包公戏就有十六七种。到明代出现了几种收录上百则“包龙图公案”之类的短篇小说集。清代更是出现古典长篇侠义公案小说《三侠五义》，将包拯艺术形象推向顶峰。

警句

君子责己，小人责人。

——（宋）李邦献《省心杂言》

廉耻，士君子之大节。

罕能自守者，利欲胜之耳。

——（宋）欧阳修《廉耻说》

廉者，民之表也；贪者，民之贼也。

——（宋）包拯《乞不用赃吏》

者　于谦清风两袖

故事

于肃愍公谦（于谦，1398—1457，字廷益，浙江钱塘人，明朝名臣。在土木之变明英宗被俘之后力排众议，反对迁都，力主抗战，取得抗击瓦剌、保卫北京的胜利，后被冤杀，明孝宗追谥其为“肃愍”）为兵部侍郎巡抚（巡视地方）河南、山西时，一日遇恶客劫舟，遍搜行囊，更无贵重于腰间金带者，盗亦不忍取去。及还朝，并无一物馈送，自作一诗云：“手帕蘑菇及线香，本资民用反为殃。清风两袖朝天去，免得乡闾话短长。”（此为于谦《入京》诗。乡闾，老百姓）噫！此人之不可及，而后功业之如天也。

（选自《七修类稿·诗文类·于肃愍诗》）

图说

讲解

于谦任兵部侍郎巡抚河南及山西一带时，有一天遇上盗贼劫船。盗贼搜遍他的行李，发现除了腰上金带外，竟没有一样值钱的东西，最后盗贼没有忍心取走那根腰带而离开。于谦回北京后，没送任何礼品给权贵们。为此，他曾做过一首诗，大意是："绢帕、蘑菇、线香这些土特产，本来应该是老百姓自己享用的，但却被官员们统统搜刮走了，这反而给老百姓增加了负担。我两手空空去见皇帝，免得被老百姓议论。"噫，这就是为什么其他人比不过于谦，而他日后功业卓著的原因。

链接

于谦一生最高光的时刻，莫过于明正统十四年（1449）的北京保卫战。

当时瓦剌首领也先攻打明朝，明英宗朱祁镇在大太监王振的蛊惑下御驾亲征，却于八月十六日在土木堡遭遇惨败，明英宗被俘。土木之变使明王朝遇到严重的危机。八月十八日，皇太后在兵部侍郎于谦的建议下，命郕王朱祁钰监国。有的大臣主张南迁，于谦、陈循、王直坚决反对，主张保卫京师为天下根本。于谦临危受命，任兵部尚书。郕王朱祁钰九月六日即帝位，遥尊明英宗为太上皇。也先挟持明英宗要挟明廷未果，遂于十月率大军进犯北京。十月十一日瓦剌军抵北京城下，列阵西直门外，把明英宗安置在德胜门外。十三日，于谦、石亨率军与瓦剌军战于德胜门外，瓦剌军大败。随后瓦剌军转至西直门进攻，也被明军击退。

瓦剌军不甘失败，又在彰义门组织进攻，明军佯装失利，瓦剌军追到土城，被潜伏在民居内的明军火枪手狙击，死伤无数，不得推进。加上天寒地冻，京师外围守军也奋力抵抗，到当年十一月八日，瓦剌军退出塞外，京师解严。

于谦和主战派官员领导、组织的北京保卫战，取得了胜利，粉碎了瓦剌军企图夺取北京的野心，明王朝转危为安。

警句

门如市，心如水，一尘不染；

提得起，放得下，百事敢为。

——（明）谈迁《枣林杂俎·圣集》

洁己奉公，官守之常节；存心爱物，吏治之本原。

——（清）张伯行《禁止馈献谕江苏等七府一州示》

知足天地宽，贪得宇宙隘。

——（清）曾国藩《不求》

羞　杨继宗不取一文

故事

杨继宗（1426—1488，被称为“明朝天下第一清官”），字承芳，阳城（今山西阳城）人。……成化（明宪宗朱见深年号，1465—1487）初，用王翱（明朝永乐至成化初年名臣，曾担任吏部尚书十五年）荐，擢嘉兴（今浙江嘉兴）知府。以一仆自随，署斋萧然。性刚廉孤峭，人莫敢犯。而时时集父老问疾苦，为祛除之。……中官（宦官）过者，继宗遗以菱芡、历书（记载年、月、日、时、节气等可供查考的书）。中官索钱，继宗即发牒（文书）取库金，曰：“金具在，与我印券（指盖有官印的凭证）。”中官

图说

咋舌不敢受。入觐（地方官员朝见帝王），汪直（成化年间著名宦官，领西厂）欲见之，不可。宪宗问直朝觐官孰廉，直对曰："天下不爱钱者，惟杨继宗一人耳。"

（选自《明史·杨继宗传》）

讲解

杨继宗，字承芳，是阳城人。……成化初年，受王翱的推荐，他被提拔为嘉兴知府。他只带一个仆人随从，官署摆设非常简单。他个性刚直廉洁又孤傲，人们都不敢触犯他。杨继宗时常召集老百姓来询问他们的疾苦，并为他们排忧解难。……有宦官路过，继宗送他们菱芡、历书。宦官索要金钱，继宗就发文取来库金，说：“钱都在这里，你给我收据。”宦官惊讶地说不出话，不敢接受。杨继宗入京朝见时，大太监汪直想见他，他不同意。宪宗问汪直来朝觐见的官员中哪个最廉洁，汪直回答说：“天下不爱钱的，只有杨继宗一人而已。”

链接

文中的宦官和大太监汪直都在一定程度上反映了明代政治的一大特点，即宦官干政。

明代宦官干政可以划分为四个时期：

一、明前期的王振专权。主要发生在明英宗第一次在位时期，即正统年间（1436—1449）。当时，大太监王振在朝中擅权，屡次对麓川用兵，劳师糜饷；挟英宗亲征瓦剌，遭土木之变，明英宗也被瓦剌俘虏。

二、明宪宗成化年间（1465—1487）的汪直专权。由于明宪宗耽于逸乐，不问政事，遂使宦官得势。其中以汪直最为有名。汪直在皇帝授意下，建立西厂，其势力大大超过东厂和锦衣卫。

三、明武宗时期（1506—1521）的刘瑾专权。刘瑾官拜司礼监掌印太监，掌握大权，被时人称为“八虎”之首。他索贿、受贿、贪污，排斥异己，陷害忠良。为增加权势，刘瑾在锦衣卫和东厂、西厂之上，又建立特务组织“内行厂”。久而久之，几乎大事小事都是刘瑾代替明武宗决定，刘瑾更是自称“立皇帝”。

四、明熹宗天启年间（1621—1627）的魏忠贤专权。魏忠贤任司礼秉笔太监，利用熹宗喜欢动手做木工活、荒于政事的机会，排除异己，掀起与东林党人的党争，专断国政，被称为“九千九百岁”，以致人们“只知有忠贤，而不知有皇上”。

警句

溺爱者不明，贪得者无厌。

——（宋）朱熹《四书集注·大学》

尔俸尔禄，民脂民膏。下民易虐，上天难欺。

——（五代十国·后蜀）孟昶《颁令箴》

礼义，治人之大法，

廉耻，立人之大节。

盖不廉则无所不取，不耻则无所不为。

人而如此，则祸败乱亡亦无所不至。

——（宋）欧阳修《新五代史·杂传序》

后　记

以铜为鉴，可以正衣冠；以史为鉴，可以知兴替。

历史是最生动、最有说服力的教科书。中华典籍世代相传，史学文献汗牛充栋，其中既有“究天人之际，通古今之变，成一家之言”的第一部纪传体通史《史记》，也有“鉴于往事，有资于治道”的编年体巨著《资治通鉴》。既包括升平之世社会发展进步的成功经验，也有衰乱之世社会动荡的深刻教训。

深厚的典籍文献积累，成为中华优秀传统文化的重要载体和强大根基，也是中华民族文化自信的牢固基础。加强中华传统文化典籍整理出版，挖掘其中的文化精神和当代价值，不断增强中华优秀传统文化的吸引力、凝聚力、感召力，是凤凰人一直思考的时代命题。《读史说廉》的编纂出版，就是这一思考的新尝试。